SCHILFLAND

Sandra Bartocha

Silko Bednarz

Volker Bohlmann

Frank Brehe

Dieter Damschen

Claudia Müller

SCHILFLAND

Das Anklamer Stadtbruch

Tecklenborg Verlag

"

Kein Vogel singt für uns, kein Gras ist bunt für uns,
aber wir nehmen alles in Anspruch …

Erwin Strittmatter

NABU-*Stiftung*
Nationales Naturerbe

Das Anklamer Stadtbruch ist weit über die Grenzen Deutschlands hinaus eine bedeutende und ganz besondere Naturlandschaft. Über Jahrhunderte vom Menschen genutzt und in der Phase der DDR eingedeicht und über Pumpstationen trockengelegt, hat sich die Natur das Gebiet mit einem Sturmhochwasser im Jahr 1995 zurückgeholt. Seither verändert sich hier auf gut 2.000 Hektar die Landschaft in faszinierender und gleichzeitig dramatischer Weise: Wälder sterben ab und machen offener Moorvegetation Platz, an anderen Stellen entstehen zugleich neue Moorwälder. Manche Arten gehen, viele andere kommen. Eine Landschaftsdynamik, die sich heute in Mitteleuropa nur noch an ganz wenigen Stellen findet!

2018 konnte die NABU-Stiftung Nationales Naturerbe den Anklamer Stadtbruch und Teile seiner Umgebung erwerben und mit ihrer einzigartigen Dynamik dauerhaft bewahren. Hier hat allein die Natur das Sagen, und der Mensch wird sich auf eine Besucher- und Beobachterrolle zurückziehen. Der Anklamer Stadtbruch wird sich in der Obhut der NABU-Stiftung als eines der in Deutschland so raren Wildnisgebiete frei von direkten Eingriffen des Menschen entwickeln.

Einen Eindruck von den mannigfaltigen Erlebnismöglichkeiten im Anklamer Stadtbruch bietet das vorliegende Buch. Die zu den herausragenden Naturfotografen in Deutschland zählenden Autoren vermögen es mit bemerkenswerten und berührenden Aufnahmen die Faszination des Anklamer Stadtbruchs zu transportieren und geben zugleich Einblicke in Bereiche des Moores, die sich mitunter nur dem geduldigen Besucher erschließen.

Möge dieses Buch Lust machen, den Anklamer Stadtbruch unmittelbar zu erleben und die Faszination von Wildnis in Deutschland zu erfahren.

Christian Unselt
Vorsitzender der NABU-Stiftung Nationales Naturerbe

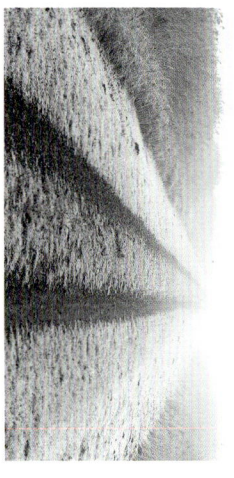

ehr als 1000 Meter mächtig sollen sie gewesen sein, die Eismassen, welche die Landschaft rund um das Kleine Haff modellierten. Mit ihrem Abtauen zum Ende der Weichsel-Kaltzeit vor etwa 15.000 Jahren entstand ein Sammelbecken für das Schmelzwasser der schwindenden Gletscher – der sogenannte Haffstausee. Mit ca. 1.200 km² Wasserfläche war er mehr als zehnmal so groß wie die heutige Müritz und reichte im Süden bis an die Brohmer Berge. Seinen Gewässergrund bildeten die heutigen großen Sand- und Moorflächen der Ueckermünder Heide und der Gollnower Heide (Puszcza Goleniowska, Polen). Die nördliche Begrenzung des Haffstausees bildete über lange Zeiträume der Eisrand. Der anfangs rund 30 m über dem heutigen Niveau liegende Wasserspiegel verringerte sich mit dem nach Norden zurückweichenden Eisrand nach und nach. Neben dem Schmelzwasser der Gletscher nahm der Eisstausee auch die Schmelzwasser aus den Talungen der Uecker, Randow und Peene auf. Der schwindende Permafrost, die Entstehung neuer Abflussbahnen und die kurzfristigen klimatischen Wechsel zwischen arktischem und borealem Klima am Ende der letzten Eiszeit sorgten für einen ständigen Wechsel der Wasserstände. Mit dem Freiwerden des Ostseebeckens und der Möglichkeit für die Flüsse, ungehemmt nach Norden zu entwässern, fiel der Haffstausee trocken. An seine Stelle trat eine weitgehend ebene und ehemals überstaute Landschaft, die durchzogen war von Fließgewässern, flachgründigen Mooren und Seen. Weite Teile trockneten aus, die flachen Gewässer vermoorten durch den Bewuchs mit torfbildenden Pflanzen und die trockenen Landflächen erlangten die Oberhand. Während der Kälterückschläge des Spätglazial wurden in der noch von schütterer Tundravegetation gekennzeichneten Landschaft abgelagerte Sande vom Wind verweht. So entstanden tausende Dünen und morphologisch eher unauffällige Flugsanddecken. In den wärmeren Abschnitten des Spätglazials, z.B. im sogenannten Alleröd, spätestens aber

mit dem Einsetzen der Nacheiszeit (Holozän, vor rund 11.600 Jahren) entwickelten sich Kiefern- und Birkenwälder, wie man sie heute aus dem nördlichen Skandinavien kennt. Mit dem Beginn der Nacheiszeit begannen die flachen Restseen allmählich zu verflachen, bildeten breite Röhrichtgürtel aus und verlandeten. Das größte Beispiel dafür ist die Friedländer Große Wiese, die im frühen Holozän noch als großer flacher See existierte und sukzessive von den Ufern her verlandete. Der Galenbecker See, knapp 25 km südwestlich des Anklamer Stadtbruches gelegen, ist ein noch 590 ha großer Rest des Haffstausees. Auch er wird in erdgeschichtlich kurzer Zeit durch allmähliche Verlandung verschwinden.

Der interessierte Beobachter kann den Zeitzeugen dieser Abläufe am Anklamer Stadtbruch begegnen und eine Reise in die Vergangenheit unternehmen. Schon beim Verlassen der Dörfer Rosenhagen und Bugewitz besteht der Boden nicht mehr aus Sand oder Lehm, sondern aus organischem Pflanzenmaterial (zumeist Wurzeln und Blätter von Seggen und Schilf), das den Untergrund eines Niedermoores – als solches bezeichnet man Moore, die mehrheitlich von Grundwasser oder durch Überflutung gespeist werden – bildet. In Richtung Anklamer Stadtbruch sind es anfangs nur wenige Zentimeter, bald aber schon zwei Meter mächtige Schichten, die sich über dem darunterliegenden Sand gebildet haben. Sie waren Bestandteil der restlichen Wasserflächen des Haffstausees, dessen Wellen auch bei Bugewitz und Rosenhagen an das Ufer schlugen. Der See war flach und von Wasserpflanzen gefüllt, ähnlich der Gewässer, die heute hier zu finden sind. Immer wieder wuchsen und verblieben Pflanzen im feuchten moorigen Milieu ohne vollständig zu verrotten und bildeten so neuen Torf. In jedem Jahr wuchs der Torf um durchschnittlich einen Millimeter, und der See wurde um diesen Millimeter flacher, bis er schließlich verschwand. Ein Niedermoor trat an seine Stelle, welches an den heutigen Dorfausgängen bis zu einem Meter höher war als heute. Für die siedelnden Menschen war das Moor ein Hindernis auf ihren Wegen durch die Landschaft, bot aber zugleich auch Schutz „im Rücken" gegen Feinde. Das Regenwasser von den höher liegenden Gebieten strömte oberflächig in das Moor und durchströmte es langsam in Richtung des heutigen Haffs. Dabei verlor es seine mitgenommenen Nährstoffe, so dass es weit ab vom Talrand, dort, wo heute Knechtsort und die Große Kuhle zu finden sind, so arm war, dass hier ein Armmoor entstand. Dieser Moortyp ist nur für Spezialisten unter den Pflanzen und Tieren lebenswert, die mit den nahrungsarmen Zuständen umgehen können. Zu ihnen gehören u.a. die Torfmoose. Sie besitzen faszinierende, wasserspeichernde Fähigkeiten und können daher Regenwasser festhalten wie ein Schwamm. Wenn die

Niederschlagsmengen über lange Zeiträume ausreichen, gelingt es, übereinander zu wachsen. So entstanden hier Moospolster, die bis zu 1,5 Meter über das zuvor gebildete Niedermoor hochwuchsen und den Moortyp des Hochmoors bilden, ein Moor also, das fast ausschließlich von Niederschlägen gespeist wird. Eine Fläche von 500 Fußballfeldern – so groß waren diese Hochmoore. Kein größerer Baum wuchs auf ihnen, da es einfach zu nass war. Wurde ein Baum zu groß und zu schwer, versank er langsam im Moor und starb ab. Auch auf den benachbarten Flächen gab es oft nur Gebüsche und kleinere Bäume, ein ähnlicher Anblick wie im heutigen Anklamer Stadtbruch.

Lange blieb das Anklamer Stadtbruch von Menschenhand weitgehend unverändert. Das geschulte Auge entdeckt in den Wiesen am nördlichen Dorfausgang von Bugewitz einen slawischen Burgwall, der auf eine Siedlung im 10./11. Jahrhundert hinweist. Wirklich belegt ist jedoch die erste urkundliche Erwähnung von Bugoseviz (1233) oder Bugewitz (1779, *Bogwitz - Sumpf*) zu Zeiten der Ostkolonisierung. Die deutsche Siedlung Rosenhagen folgte 1282. Das Raubrittergeschlecht von Nienkerken trieb in Bugewitz sein Unwesen gegen alle Handelsreisenden. Die Städte Anklam, Greifswald, Altentreptow und Demmin gingen mit ausdrücklicher Duldung der Herzöge Barnim und Otto von Stettin dagegen an und besiegten den raubenden Ritter. Zum Dank dafür bekam die Stadt Anklam große Ländereien des Ritters übereignet, so auch das Anklamer Stadtbruch. Ab dem 16. Jh. wurde hier Torf zum Heizen abgebaut. Wahrscheinlich wurde dieser mit Wagen zu den frierenden Bürgern der Hansestadt Anklam gebracht. Zu dieser Zeit war die natürliche Entwicklung des Moores noch weitgehend ungestört. Erst mit der Intensivierung des Torfabbaus und der starken landwirtschaftlichen Siedlungstätigkeit wurde für die Zukunft des Anklamer Stadtbruches eine bedeutende Grenze überschritten. Diese liegt im Jahr 1750, in dem ein Edikt Friedrich des Großen den verstärkten Abbau des Torfs anordnete. Mit dem Bau der drei Torfkanäle, u.a. auch durch französische Kriegsgefangene, war es viel effektiver, den Torf nach Anklam zu verschiffen, und so fielen letztendlich ca. 250 ha über Jahrtausende gewachsener Torffläche der Verbrennung zum Opfer. Der Abbau endete mit dem wachsenden Einfluss der Braunkohlenutzung in den 1930er Jahren. Zu dieser Zeit entstand die Meliorationsgenossenschaft, die das gesamte Gebiet von Anklam bis nach Leopoldshagen mit einem Deich vor kleineren Hochwassern vom Haff schützte. Für die siedelnden Menschen ein Segen, für das Anklamer Stadtbruch ein weiterer Verlust. Im Buch *In Bruch und Moor* von Bruno Riemer wird in poetischer Weise der Wandel des Gebietes in dieser Zeit beschrieben. Die Veränderungen riefen

wohl auch damals schon Menschen auf den Plan, die sich dem Schutz wertvoller Naturlandschaften widmeten, so dass in dieser Zeit erste kleine Flächen aufgrund ihres Reichtums an Schmetterlingen unter Naturschutz gestellt wurden. Zu DDR-Zeiten wurden diese Areale erweitert. Gleichzeitig trugen aber weitere Entwässerungen, Anpflanzungen von standortuntypischen Bäumen und intensive landwirtschaftliche Nutzungen zum Niedergang des Anklamer Stadtbruchs bei. So wichtig das Vorhandensein von Wasser für die Entstehung der Moore ist, so verheerend wirkt sich seine Abwesenheit auf sie aus. Ohne Wasser zerstört der eindringende Sauerstoff die organischen Ablagerungen. Zersetzungs- und Fäulnisgase sowie chemisch gelöste und feste Verbindungen werden durch die Luft und als Schweb- und Lösungsfracht über die Gräben aus den Böden transportiert. Die ehemaligen Moore verlieren dadurch ihre innere Struktur und sacken zusammen. Vielfach sind so in den letzten zwei Jahrhunderten bis zu einem Meter tiefe Senken in den Niedermooren entstanden, die sich mit Wasser füllen, wenn dieses nicht durch Schöpfwerke herausgepumpt wird. Die so um das Anklamer Stadtbruch entstandene Senke lief am 3./4. November 1995 während einer Sturmflut voll und wurde seither nicht wieder leergepumpt. Wälder und Weiden ertranken und die neuen Deichlinien rückten näher an die Dörfer heran. Nicht nur unter den Pflanzen und Tieren gab es schmerzliche Verluste.

Wie es allerdings oft so ist, ergaben sich auch neue Chancen, nicht nur für die Tier- und Pflanzenwelt. Das Anklamer Stadtbruch gehört mittlerweile einer Stiftung des Naturschutzverbandes NABU. Es ist ein überregional bedeutsames Wildnisgebiet, das nicht nur von zahlreichen Brut- und Zugvögeln besucht wird. Unter den weiteren Besuchern gibt es die Gruppe der Fotografen, die die überwältigende Kraft dieses Ortes am besten in Bildern ausdrücken können.

Wünschen wir diesem magischen Ort, eine wirklich blühende Landschaft zu werden!

Er hat nicht nur optisch etwas von einem Grenzturm – der hölzerne Aussichtsturm am Rosenhagener Polder am Ende der Straße von Bugewitz. In Verbindung mit dem ehemaligen Bahndamm und der Straße scheint er die Grenze zwischen Bruch und Kulturlandschaft zu markieren. Hoch ragt er empor, gewährt einen freien Blick auf Wiesen, die angrenzenden Flachwasserzonen, riesige Schilfflächen und einen imposanten Totholzwald.

An kaum einer anderen Stelle lässt sich das Erwachen des Tages im Bruch so eindringlich erleben wie dort. Lange bevor das Licht über die Dunkelheit triumphiert, ist die Luft erfüllt von unzähligen Geräuschen: Otter, Waschbären, Wildschweine und anderes Getier raschelt im Schilf. Ein gefiederter Sänger nach dem anderen erhebt die Stimme, singt gegen die Nacht an und begrüßt den anbrechenden Tag. Gänse und Schwäne erheben sich von ihren Schlafplätzen und fliegen in Richtung der angrenzenden Wiesen und Felder. Manchmal ziehen sie so dicht am Turm vorbei, dass man das Rauschen ihrer Flügel hört.

Grau- und Silberreiher kommen zum Polder, lassen sich kreischend nieder und beginnen ihr Tagwerk als Fischer in den Flachwasserzonen. Streiten, Spähen, Ausharren, Spähen, Zustoßen, Fressen und dies immerwährend, nur unterbrochen von Streit und Missgunst untereinander oder um den Scheinangriffen junger Seeadler auszuweichen. Im Sommer umschwirren Mehlschwalben, die unter dem Dach des Turmes nisten, den Besucher. Sie lassen sich durch nichts stören und sind insbesondere an Sommertagen fast eine Touristenattraktion.

Noch vor wenigen Jahren gesellte sich zu diesem morgendlichen Orchester das kehlige Krächzen von bis zu 3.000 Kormoranen. Diese hatten nördlich vom Turm am Polder Kamp eine große Brutkolonie. Auf den kahlen Bäumen thronten unzählige Nester, die zumeist mit mehreren Jungvögeln besetzt waren. Die Geräuschkulisse war überwältigend und bis zum Turm hörbar. Beim ersten morgendlichen Abflug zu Haff und Ostsee war der Himmel schwarz von Kormoranen, die in langen Ketten den Nahrungsgründen zuströmten. Doch seit Stürme die meisten der abgestorbenen Birken, Erlen und Eschen zu Fall gebracht haben, brüten dort keine Kormorane mehr, so dass man vergeblich nach ihren Rufen lauscht.

Wenn die Sonne dann endgültig hinter dem ertrunkenen Wald emporsteigt, wird die gesamte Szene in strahlendes Licht getaucht und die Schilfrispen scheinen für wenige Minuten zu glühen. Erhebt sich dann wabernd der Morgennebel, durchtüncht von den Strahlen der Sonne, getaucht in goldene Farben, trifft die unbändige Magie des Anklamer Stadtbruchs den Besucher und lässt ihn offenen Mundes staunend zurück.

Die Gerippe der alten Erlen, Eichen und Kiefern stehen wie ein Bollwerk in Schilf und Wasser. Mit großer Wahrscheinlichkeit sieht man vom Turm aus Seeadler, welche die abgestorbenen Bäume als ihre Warten auserkoren haben und diese mit ihrer Präsenz zu krönen scheinen. Welch ein Anblick!

Und der Turmbesucher, der Beobachter? Der braucht eigentlich nichts weiter tun, als Augen und Ohren zu öffnen und sich dem Schauspiel hinzugeben. Es ist, als blicke man in ein anderes Land, auf eine Oase, eingekeilt zwischen Windrädern und Haff. Doch dies war nicht immer so. Die heutige Flachwasserzone bis nach Bugewitz war früher Weideland, auf dem Rinder grasten. Wo sich heute Wasser und Schilf erstrecken, sah man noch vor 30 Jahren Gras, Kühe und einen Melkstand. Steigt man vom Turm und geht vielleicht 100 Meter auf der Plattenstraße, die in das Bruch führt, sieht man rechter Hand im Schilf noch ein altes Schild mit einer schwarzen Waldohreule auf gelbem Grund – das Zeichen für DDR-Naturschutzgebiete. Hier befand sich vor der Überflutung die sogenannte „Schmetterlingswiese". Dieses erstmals in den 1930er Jahren unter Schutz gestellte Areal wurde 1967 ausgeweitet und zum

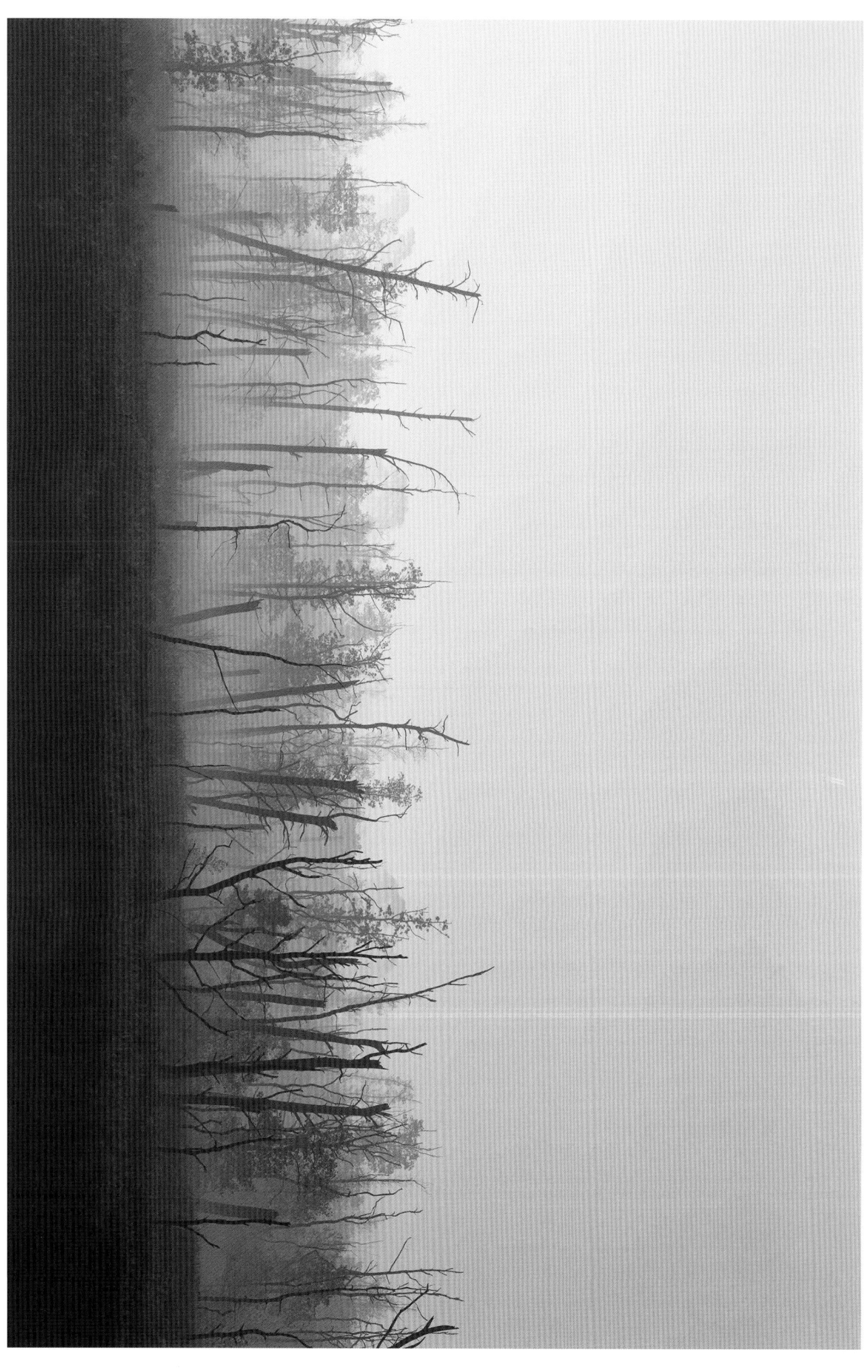

Naturschutzgebiet der DDR erklärt. Grund hierfür war die einzigartige Schmetterlingsfauna in diesem Gebiet. Hier konnte man den Enzian-Bläuling finden, dessen Raupe an den Blüten des Lungenenzians lebt und in den Nestern von Ameisen heranwächst. Dass Raupen auf Blüten leben, kann man sich noch gut vorstellen, aber dass Raupen in einem Ameisenbau aufwachsen, ist schon spektakulär. Damit dies für die kleinen Raupen nicht zu einer tödlichen Mission wird, vermitteln sie den Ameisen mittels chemischer Botenstoffe, dass sie eigentlich Ameisennachwuchs sind. Die Ameisen haben dann nichts Besseres zu tun, als die Schmetterlingsraupen in ihren Bau zu tragen, um sie in ihrer Larvenkammer zu deponieren. Die eingeschleuste Raupe ist nun quasi im Schlaraffenland und hat bis zum nächsten Frühjahr Zeit, sich an der Ameisenbrut satt zu fressen, zu wachsen und sich zu einem erwachsenen Bläuling zu entwickeln. Eine Geschichte von Abhängigkeiten, Betrug und Täuschung!

Heute spielt sich von alledem nichts mehr ab. Schilf und Wasser bestimmen die Szene, und nichts erinnert mehr an Orchideen oder Schmetterlinge wie den Enzian-Bläuling, den Moorwiesen-Striemenspanner oder den Blauschimmernden Feuervogel. Alles ist dem immerwährenden Wandel unterzogen, und in ein paar Jahren werden Sturm und Verwesung auch die jetzt noch mächtigen Totholzbäume fällen und dann den Blick auf Erlen und Schilf bis zum Horizont freigeben. Auch wenn ich schon unzählige Male auf diesem Turm war, hält er immer noch Überraschungen parat und bietet unvorhersehbare Einblicke und Motive.

Nur auf eines sollte man unbedingt achten, wenn man ihn betritt – die Holzstufen können verdammt rutschig sein!

DER ALTE WANDERWEG

Beginnend an der Wegkreuzung am Aussichtsturm, lädt der *Alte Wanderweg* zu einem Rundgang durch das Herz des Bruchs ein, und ich folge der alten, scheinbar unverwüstlichen Plattenstraße gen Osten. Der Februar neigt sich dem Ende und statt klirrender Kälte, Eis und Schnee gluckst, plätschert und sprudelt das Wasser an allen Ecken und Enden. Was ich vor mir sehe, ähnelt eher einem Kanal als einem begehbaren Weg. Wo ehemals Straße war, ist jetzt Wasser – ohne Gummistiefel kein Vorwärtskommen. Die ersten Überflutungen scheinen mehr oder minder eine dezente Erinnerung daran zu sein, dass hier „zivilisiertes" Gebiet aufhört und die „Wildnis" beginnt. Und wenn ich nicht wüsste, dass unter der Wasseroberfläche ein befestigter Weg verläuft, würde ich sofort umkehren. So wate ich weiter, aber das Gefühl, nicht hierher zu gehören, bleibt bestehen. Die morgendliche Stille wird nur gedämpft vom Rascheln des trockenen Schilfes und dem Quaken aufgescheuchter Stockenten. Dem Schilfspalier folgt der ertrunkene Wald und ich erreiche den Abzweig *Alter Wanderweg*.

Waren bei meinem letzten Besuch im Herbst die Gräben und Kanäle eher kleine Rinnsale, sind sie jetzt zum Bersten gefüllt mit vom Torf rötlich gefärbtem, aber dennoch klarem Wasser. Dieses hat längst sein herkömmliches Bett verlassen, ist über die Ufer getreten und überschwemmt das Bruch. Jeder Schritt auf dem so oft gegangenen Wanderweg ist ein Schritt ins Ungewisse. Jeder Tritt bringt mich näher an nasse Socken oder Schlimmeres. Land und Wasser bilden keine getrennten Areale mehr, vielmehr verschwimmen sie im wahrsten Sinne zu einem großen Ganzen, welches sich mit einem Wort beschreiben lässt – Wasserlandschaft.

Im Bruch befindet sich der Rest eines einst 500ha großen Hochmoores. Solche Hochmoore werden durch Regenwasser gespeist, weshalb sie auch als Regenmoore bekannt sind. Ohne Regen kein Wasser, ohne Wasser kein Moor, ohne Moor kein Bruch! Besonders jetzt, wenn Winter und Frühling um die Vorherrschaft streiten, strotzt das Bruch vor Feuchtigkeit. Durch die noch karge Vegetation und die laublosen Bäume und Sträucher treten die Kanäle deutlich sichtbar hervor und erinnern an Lebensadern, die das Gebiet durchziehen. Was beim ersten Hinsehen noch wie eine perfekte Wildnis aussieht, erweist sich beim näheren Betrachten als ein schnurgerades, von Menschen angelegtes System von Wasserstraßen, die alle im Zartenstrom münden. Torf wurde hier seit Mitte des 17. Jahrhunderts gestochen, bis der Abbau irgendwann kurz nach dem zweiten Weltkrieg eingestellt wurde. Grund hierfür waren jedoch weniger Naturschutzaspekte – Braunkohle erwies sich einfach als energieeffizienter. Zeugnis dieser Tätigkeit ist die Große Kuhle, eine riesige Schilffläche längsseits des Weges.

West-, Mittel-, und Osttorfkanal wurden ca. 1850 auf dem Höhepunkt der Torfgewinnung angelegt, um den Torfabbau zu gewährleisten und die bisherige Fördermenge zu erhöhen. Entlang der Kanäle wurde der Torf abgebaut und über den Zartenstrom abtransportiert. Es ist kaum zu glauben, dass auf diesen von Menschen gemachten Kanälen heute statt Baggern und Transportbooten Biber, Otter und Wasservögel ihre Runden ziehen.

Insbesondere die Biber drücken der Landschaft ihren Stempel auf. Ihre imposanten Burgen aus Ästen und Schlamm sind an den Kanälen, besonders im Winter, nicht zu übersehen. Überall finde ich die Spuren dieser großen Nagetiere. Baumstümpfe, die angespitzten Bleistiften ähneln und unzählige gefällte Stämme sind allgegenwärtige Zeichen ihrer Anwesenheit. Die Tiere selbst bekommt man jedoch eher selten zu Gesicht. Ihr Werk beginnt zumeist mit Einbruch der Dämmerung und endet, wenn der Tag anbricht. Es passiert mir trotz aller Vorsicht immer wieder, dass mich das laute Platschen eines Biberschwanzes auf der Wasseroberfläche völlig unvorbereitet zusammenzucken lässt. Doch wenn dieser Warnschlag ertönt, ist es für eine Beobachtung schon zu spät, und es bleibt nur, den aufsteigenden Luftblasen nachzu-

schauen. Im Gegensatz zur Elbe kann man im Bruch neben dem braunen Elbebiber auch den deutlich dunkler gefärbten Woroneschbiber beobachten – wenn man denn Glück hat und leise ist.

Warum geht man im Februar ins Moor? Es gibt doch eigentlich nichts zu sehen. Die Singvögel sind noch in wärmeren Gefilden, die Insekten in Starre verfallen und fotogenes Grün ist Mangelware. Nur vertrocknetes Schilf vom letzten Jahr und blattloses Geäst. Der Reiz liegt vielleicht in der Ruhe, Abgeschiedenheit und der kindlichen Vorfreude auf den Frühling, welche der Rundgang schürt. Noch scheint das Moor zu schlummern. Die Schilfareale werden erst in ein paar Wochen zu neuem Leben erwachen. Im Frühling werden viele der über 100 Brutvogelarten des Bruchs aus dem Süden zurückkehren. Die Luft wird dann erfüllt sein vom Gezwitscher der Bartmeisen, Rohrsänger, Schwirle, Ammern und Blaukehlchen sowie den Rufen des Kuckucks. In den dann träge stehenden Wasseradern werden neben wunderschönen Libellen, wie der Gebänderten Prachtlibelle, auch solche Plagegeister wie Stechmücken heranwachsen.

Links und rechts des Weges sprießen dann Seggen in frischem Grün hervor, und mit etwas Glück flattern dazwischen solche Schmetterlingsraritäten wie der Große Feuerfalter. Zusammen mit dem Peenetal bildet das Anklamer Stadtbruch das Hauptvorkommen dieser Art in den unterschiedlichen Verbreitungsgebieten Deutschlands. Auch wenn die Schmetterlingsbestände qualitativ und quantitativ nicht mehr an jene von vor gut 100 Jahren heranreichen, ist es doch der Unterschutzstellung beider Gebiete zu verdanken, dass diese Tagfalter hier auch heute noch durch die Lüfte gaukeln.

Jetzt dagegen sucht man all diese Tiere vergeblich. Einzig eine am Wegesrand sitzende Bekassine wird durch meine Schritte aufgescheucht und sucht ihr Heil in der Flucht. Im Frühjahr, während der Balz, steigt das Männchen dieser drosselgroßen Schnepfenart hoch in die Lüfte und lässt sich scheinbar vom Himmel fallen. Während des Sturzfluges spreizt es seine beiden äußeren Schwanzfedern und erzeugt dadurch einen weithin hörbaren Ton, der an das Meckern einer Ziege erinnert und dem Vogel den Namen *Himmelsziege* eingebracht hat.

Wenn ich jetzt jedoch emporschaue, ist keine balzende Bekassine zu sehen. Einzig und allein das Grau des Himmels blickt träge auf mich hinab. Der Wind streift durch das trockene Schilf, die Kälte kriecht in die Stiefel, und ich spüre, dass es Zeit wird für den Rückweg. Mit der Erkenntnis, dass das Moor voller Wasser ist, freue ich mich auf den Frühling in all seiner Vielfalt und Pracht. Unter den wachsamen Blicken der Adler, die ihre mächtigen Horste längst bezogen haben, ziehe ich mich langsam zurück.

DAS GROSSE FRESSEN

Bis zum Sommer 2018 war das Bruch mehr oder weniger ein Geheimtipp unter Naturbegeisterten, Ornithologen und Fotografen. Die Gegend war sozusagen etwas für Liebhaber und Insider. Selbst die bis zu 12 Seeadler-Brutpaare auf dem insgesamt 2.000 Hektar großen Areal veranlassten nur relativ wenige Menschen zu einer Reise in den äußersten Nordosten unseres Landes.

Doch dann kam der Sommer 2018 und alles sollte anders werden. Durch die anhaltende Trockenheit fiel das Wasser insbesondere im Rosenhagener Polder zusehends. Während im Juni die Wasserfläche noch geschlossen war, veränderte sich die Lage ab Juli dramatisch. Das Wasser ging kontinuierlich zurück, kleine Inseln traten hervor, und nach und nach wurde der Anteil der Land- bzw. Schlammbereiche im Polder größer. In den Restpfützen sammelten sich die Fische auf engstem Raum und boten eine leichte Beute für alle tierischen Fischliebhaber. Erste Nutznießer dieses Überangebotes waren natürlich die ortsansässigen Adler und Reiher. Doch je weiter der Wasserstand fiel, desto mehr Adler stellten sich zum großen Fressen ein. Bis zu 60 dieser stolzen Tiere standen im Schlamm oder saßen wie Krähen in den Bäumen. Natürlich immer schön präsent und direkt von der Straße aus sichtbar.

Es war mittlerweile August, und die Sonne brannte weiterhin unbarmherzig vom Firmament, von Regenwolken weit und breit keine Spur. Mit abnehmendem Wasser schien die Anzahl der Adler proportional zu steigen. Und mit der Zahl der Adler stieg urplötzlich auch das Interesse am Bruch. Zeitungen, das Fernsehen und das Internet berichteten von diesem einmaligen Ereignis. Schlagzeilen wie „*Rund 100 Seeadler tummeln sich vor Usedom*" hatten zur Folge, dass sich immer mehr Schaulustige vor Ort einfanden. Mitte August war aus dem beschaulichen und sonst meist menschenleeren Anklamer Stadtbruch ein Besuchermagnet geworden. Überall auf der Zufahrtsstraße zum Aussichtsturm waren Menschen unterwegs, ob zu Fuß, mit dem Fahrrad, mit dem Auto, dem Wohnmobil oder dem Quad. Die Leute stiegen sogar auf ihre Fahrzeuge, um über die Schilfkante blicken zu können. Das gesamte Geschehen hatte unweigerlich etwas von Volksfestcharakter! Die Adler nahmen es scheinbar gelassen, das große Fressen ging weiter.

Zum Glück ist das Bruch ein Moorgebiet, nicht auszudenken, wohin die Menschenmassen geströmt wären, wenn es nicht diese natürliche Barriere gegeben hätte. So waren Beobachtungen weiterhin nur von der Straße aus möglich, was das Gebiet und die Tiere trotz Besucherandrang schützte, wie es kein Verbots- oder Hinweisschild je hätte bewirken können.

Die Hitzewelle hielt an, der Wasserstand fiel. Die wassergefüllten Restlöcher wimmelten nur so von Fischen. Es wurden nun über 200 Adler gezählt. Sie saßen in den Bäumen wie Schwarmvögel, am Schilfgürtel aufgereiht oder einfach im Schlamm – unglaublich. Neben den Adlern hatten sich unzählige Grau- und Silberreiher eingefunden, die ebenfalls nichts anderes taten, als im Wasser zu stehen und zu fressen, bis nichts, aber auch gar nichts mehr in ihren Wanst passte. Manchmal sah es so aus, als fingen die Adler die Fische nur zum Spaß. Sie griffen sie, flogen mit ihnen empor, ließen sie fallen, stürzten dann hinterher und fingen sie in der Luft wieder auf.

Flogen im Juli die Reiher noch aufgeregt ab, wenn die Adler Fische jagten, war dieser Fluchtreflex einen Monat später längst abgelegt. Die Szenen erinnerten manchmal an den Wasserfrieden während der großen Trockenheit aus Rudyard Kiplings Geschichte *Wie Furcht kam*. Na ja, wobei die Fische vom Frieden wohl ausgenommen waren.

Je zugänglicher die Wasserflächen wurden, desto mehr anderes Getier stellte sich neben den Vögeln zum großen Fressen ein. Otter, Füchse und Waschbären labten sich an den unzähligen Fischkadavern und Teichmuscheln. Wildschweine schlugen sich ebenfalls die Bäuche voll. Besonders unterhalb des

Aussichtsturms, einer scheinbaren „Untiefe" des Polders, dümpelten mehr als zehn über einen Meter große Hechte und warteten darauf, entweder zu ersticken oder gefressen zu werden. Die Raubtiere brauchten nur abzuwarten und die kapitalen Fische zum Fressen aufs Trockene zu ziehen.

Ende August wurde der Fischbestand in den letzten Ansammlungen von Restwasser deutlich geringer und die Fressgäste damit weniger. Im September lag der gesamte Polder endgültig trocken und die Zahl der Adler und Schaulustigen hatte wieder Normalpegel erreicht.

Ein Blick in die Wetterdaten (wetterkontor.de) von Anklam veranschaulicht die Dramatik dieses Sommers noch einmal in aller Nüchternheit der Zahlen. 2015 beispielsweise fielen in Anklam 567 l/m² Niederschlag. Es gab 31 Sommertage (Tage, bei denen die Temperatur über 25 °C liegt) sowie 5 Heiße Tage (hier liegt die Temperatur über 30 °C). 2017 waren es 829 l/m², 20 Sommertage und 1 Heißer Tag. Im Jahr 2018 fielen dagegen nur 377 l/m² Niederschlag, dem 62 Sommertage und 14 Heiße Tage entgegenstanden.

Natürlich waren im Sommer 2018 ohne Wenn und Aber die großen Stars in der Manege des Anklamer Stadtbruchs. Wann kann man schon einmal über 200 dieser imposanten Tiere an einem Platz bestaunen? Für den Tagesbesucher völlig außerhalb der Wahrnehmung war jedoch die unglaubliche Veränderung der Landschaft. Innerhalb von zwei Monaten wurde aus einer Wasserfläche eine trockene Landmasse, die eher an eine afrikanische Savanne erinnerte als an eine vorpommersche Landschaft. Noch ein paar Wochen später wurde die Fläche sogar grün. Die Pflanzen holten sich das Terrain zurück – faszinierend. Und im darauffolgenden Jahr erblühte auf den weiterhin trockenen Polderflächen rings um das Bruch großflächig gelbblühendes Moor-Aschenkraut. Was für ein Wandel! Was für eine Dynamik!

Alles schien sich in diesem Sommer 2018 zu verändern, nur eines nicht: die das Pumpenhaus am Aussichtsturm umschwirrenden Schwalben mit ihrem unablässigen Zwitschern und Zinzelieren.

VON TROMPETEN UND RÖHREN

Der Herbst – Bindeglied zwischen Sommer und Winter. Was macht ihn aus? Ist es das das sich verfärbende Laub, das in all seiner Farbenpracht wie ein letzter flammender Gruß vor der Tristheit des Novembers scheint? Ist es das schräg einfallende Sonnenlicht, das alles in weiches Licht taucht? Sind es die unzähligen Spinnweben, in denen sich der morgendliche Tau verfängt? Ist es der Duft der Pilze im feuchtnassen Wald? Das Trompeten der Kraniche auf dem Zug in die Winterquartiere? Oder gar das Röhren der Hirsche tief im Walde während der Brunft?

Willst Du den Herbst im Bruch sehen, riechen und fühlen, brauchst Du eigentlich nur den ehemaligen Bahndamm nach Kamp entlang zu schlendern. Dieser Damm ist gesäumt von Weiden, Birken, Schlehen und Erlen. Auf halbem Wege thront eine unübersehbar riesige Ulme, darunter steht eine Bank, die zum Verweilen einlädt. Alle Blätter trugen im Frühjahr und Sommer ein lichtes Grün. In einem alten Kinderlied heißt es „Der Herbst ist ein Malersmann, er malt die grünen Blätter an". Und genau dies passiert mit diesen Bäumen, wie überall im Lande. Ist man nicht völlig ignorant, fällt es schwer, die Verfärbung des Laubes zu übersehen. Das Grün weicht einer Farbpalette von Gelb zu Gold, über leuchtendes Rot bis hin zu stillen Brauntönen.

Die Birken hüllen sich täglich mehr in Gelb und umspielen mit den gefärbten Blättern ihre weißen Stämme im Wind. Die Weiden tun es ihnen gleich. Dazwischen leuchten am Wegesrand die blauen Früchte der Schlehen und das knallige Rot der Hagebutten. Der Damm ist wie trunken vor Farbe. Zumindest so lange, wie kein Nebel diese verschwenderische Pracht auf-

löst. Zieht er durch die Lande, umhüllt er alles mit schwebendem und schweigendem Dunst. Die Farben verschwinden, die Formen lösen sich auf, rechts wird zu links, vorn zu hinten und oben zu unten.

Einzig und allein die Rufe der abfliegenden Kraniche am Morgen bieten in solchen Stunden eine Orientierung. Jedes Jahr rasten im Bruch mehr dieser grauen Schreitvögel während ihres herbstlichen Zugs in den Süden. Wurden Anfang September 2010 auf den Poldern 500 Kraniche in Spitzenzeiten gezählt, schliefen im Herbst 2018 allein im Polder Kamp-West 7.500 dieser imposanten Vögel. Wobei dies jedoch nur ein kleiner Teil der in jenem Jahr in Mecklenburg-Vorpommern rastenden Kraniche war. Die landesweite Schlafplatzzählung am 13./14. Oktober ergab fast 177.000 Tiere. Doch egal, wie viele Vögel sich letztendlich am Morgen erheben, die Luft ist erfüllt von ihrem Geschrei und Trompeten. Bis der letzte Vogel, der letzte Familienverband zu den Maisfeldern im Hinterland aufgebrochen ist, vergeht einige Zeit, und sind die Rufe dann verstummt, merkst Du, wie still es mittlerweile im Bruch geworden ist. Ist der Herbst im fortgeschrittenen Stadium, versucht man vergeblich, die Stimmen des Sommers zu erlauschen. Kein Sprosser lässt sein Trillerieren und Girren ertönen, kein Schwirl schwirrt ohne scheinbar Luft holen zu müssen, und kein Pirol flötet.

Viele der Singvögel haben ihre Wanderung in den Süden längst angetreten, und mit ihnen sind auch die Lieder fortgezogen. Gehört das Wissen um den Vogelzug heute zur Allgemeinbildung, war dies früher deutlich anders. Von Schwalben nahm man an, dass sie im Schlamm der Teiche überwintern, von kleinen Vögeln, dass sie auf dem Rücken größerer Vögel in den Süden getragen werden, von Kuckucken, dass sie sich im Winter in Sperber verwandeln, die ihnen ja wirklich ähnlich sehen. Wenn es so wäre, würde das Bruch nur so wimmeln von Sperbern!

Mit den Kranichen kommen auch die nordischen Wildgänse ins Land, Scharen von Grau-, Saat- und Waldsaatgänsen haben die Flachwasserbereiche des Bruchs als Domizil auserkoren. Im Gegensatz zu den Kranichen verbringen sie die Nacht schwimmend in ebenfalls großen Ansammlungen und bleiben den Winter über im Gebiet. Auch diese Vögel lassen sich sehr gut vom Bahndamm aus beim morgendlichen

Aufbruch beobachten. Beim Start fliegen sie manchmal so tief über den Damm, dass man deutlich das Rauschen ihrer Schwingen vernehmen kann.

Doch noch einmal zurück zu den Kranichen. Diese kommen abends zurück zu den Schlafplätzen, um die Nacht im geschützten Flachwasser der Polder zu verbringen. Rufend und in Keilformation schweben sie hernieder. Aus dem Osten und Norden treffen die Neuankömmlinge ein, aus dem Hinterland, die von Mais und Getreide sattgefressenen Tagesausflügler. Doch egal, ob morgens beim Abflug oder des Abends beim Einflug – es ist und bleibt ein faszinierendes Erlebnis, die Vögel zu beobachten.

Ein ganz anderes Schauspiel präsentiert sich dem Besucher in der Dämmerung – die Brunft der Rothirsche. Tief aus dem Bruch von den Brunftplätzen dringt das Röhren der Hirsche an das Ohr des Wanderers. Es ist ein Geräusch wie aus einer vergangenen Zeit – majestätisch, ursprünglich und wild. Von alters her war das Bruch bekannt für seine kapitalen Hirsche. Moorwald bietet Schutz und Moorwald bietet Wildnis. Was liegt da also näher, als dass der König der Wälder hier zu Hause ist? Die Chance, einen Hirsch vom Bahndamm aus zu sehen, ist ehrlich gesagt ziemlich gering.

Dem geneigten Hörer bietet sich vielmehr ein akustisches Vergnügen der besonderen Art: Hier tönt es, als ob etwas Großes durch das Wasser pflügt. Dort tost es im Schilf, als wenn eine massige Gestalt sich ihren Weg bahnt. Hier knacken Äste unter dem Gewicht von etwas Schwerem. Und über allem liegt das Röhren. Es ist nicht so wie am Darsser Ort, wo man die Hirsche gut zu Gesicht bekommt. Im Bruch ist der Hirsch noch ganz dem Dasein als Nachttier im dunklen Gehölz verpflichtet, aus dem Offenland verdrängt durch die industrielle Landwirtschaft und schutzsuchend vor Waidgenossen, die seines Geweihs habhaft werden wollen.

Egal, was man an einem Herbsttag im Bruch auch hörte oder sah, ob die Sonne schien oder Nebel und Wolken die Szenerie bestimmten, dem Herbst wohnt ein Abschied inne, dem man sich nur schwerlich entziehen kann. Wie schrieb treffend Erwin Strittmatter in *Wintererwarten* im Schulzenhofer Kramkalender:

„Die Äpfel glänzen wie Messing, und das Jahr zwinkert schon müde. Das Gras horcht in sich hinein, und das blühende Heidekraut ist wie eine große Abendröte. Laß uns unter den Birken entlanggehn, wenn die Luft nach Pilzen und Nüssen duftet, wenn der Nebel wie Pulver von Sternenmeeren sich auf die bräunenden Baumblätter legt, wenn die Reiher ziehn, wenn die Wildgans nach Süd stößt, wenn das Schilf vom Schrei des Kranichs erzittert – laß uns den Winter erwarten und ihn wie die Bäume benutzen – unter den Rinden."

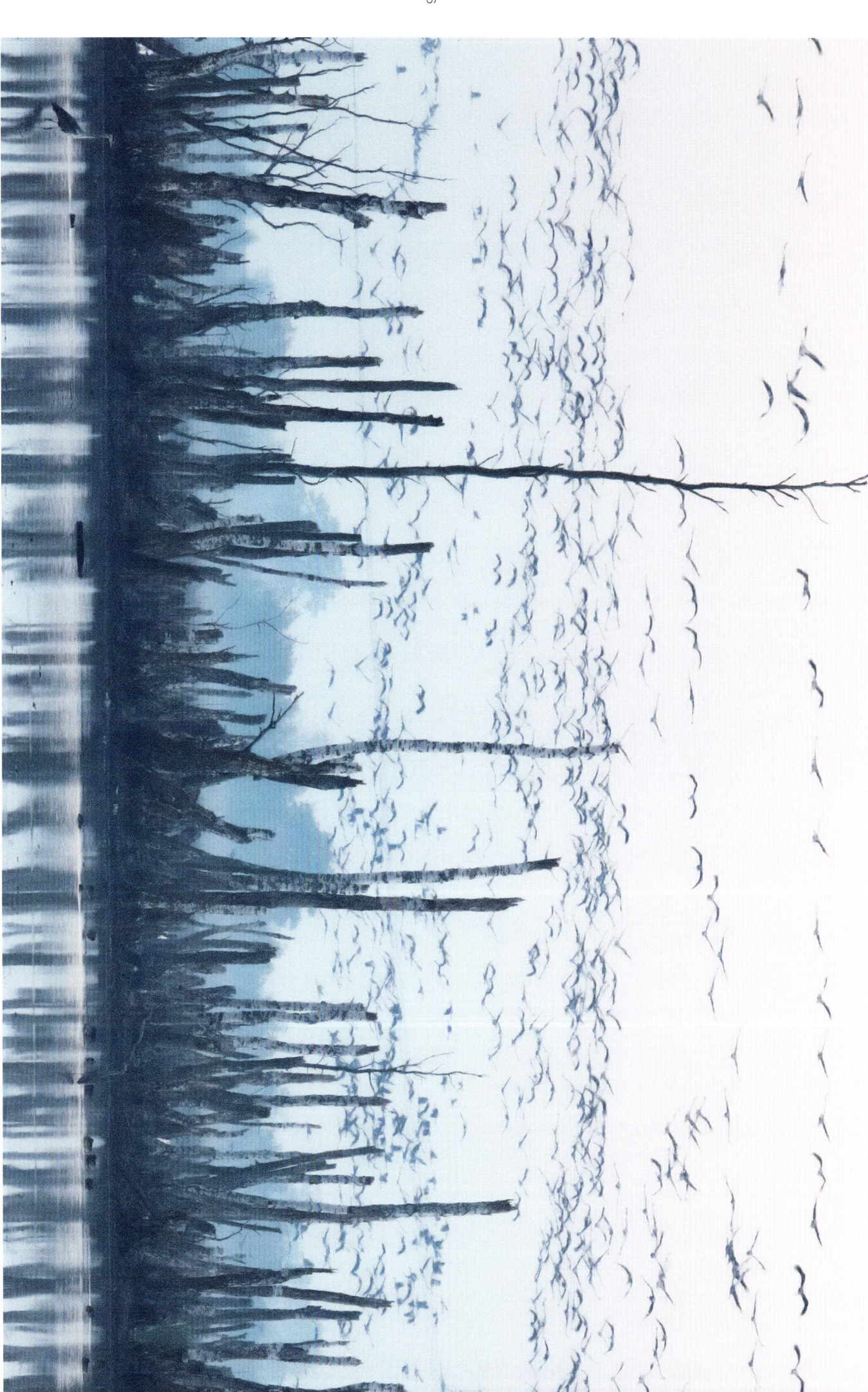

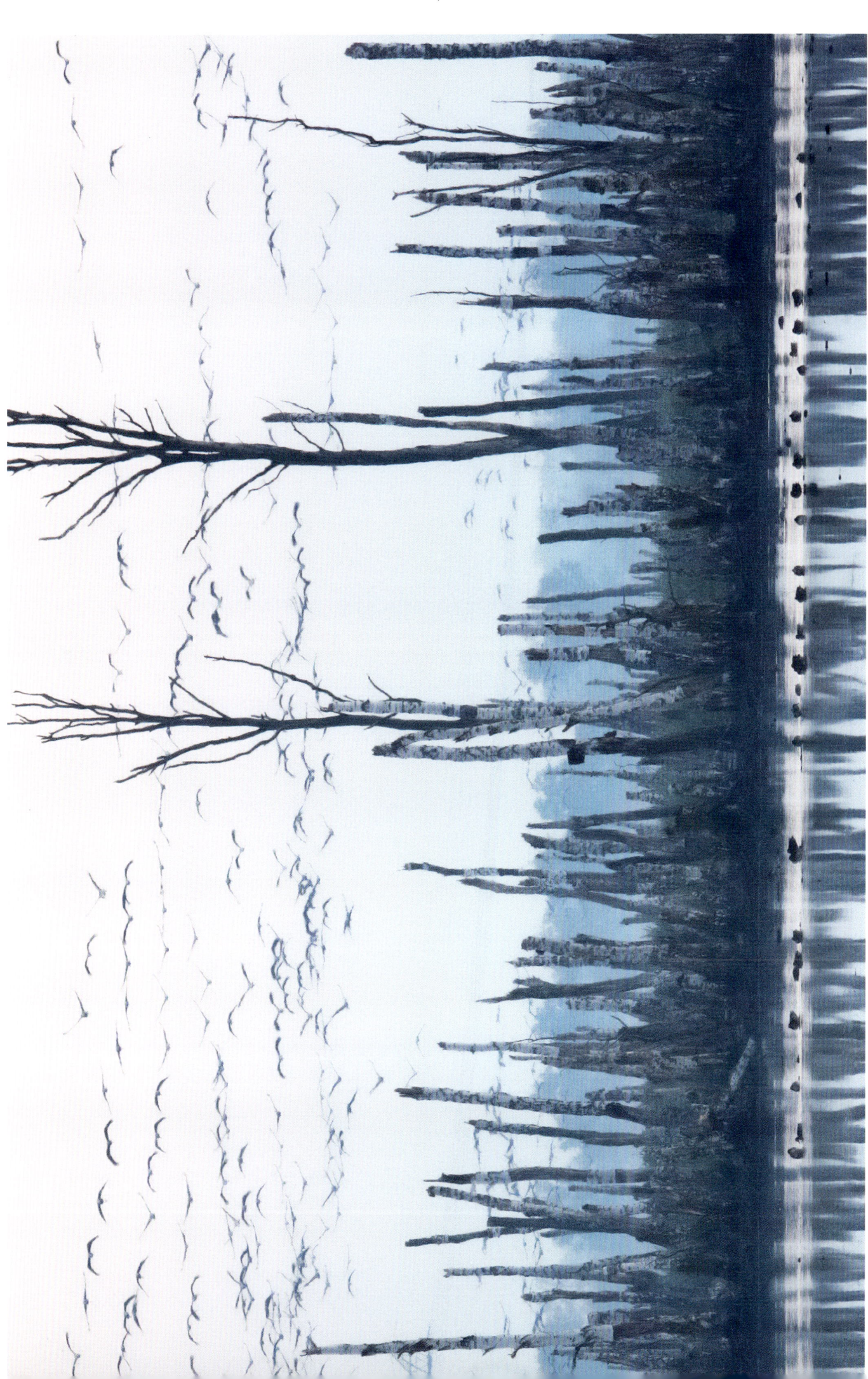

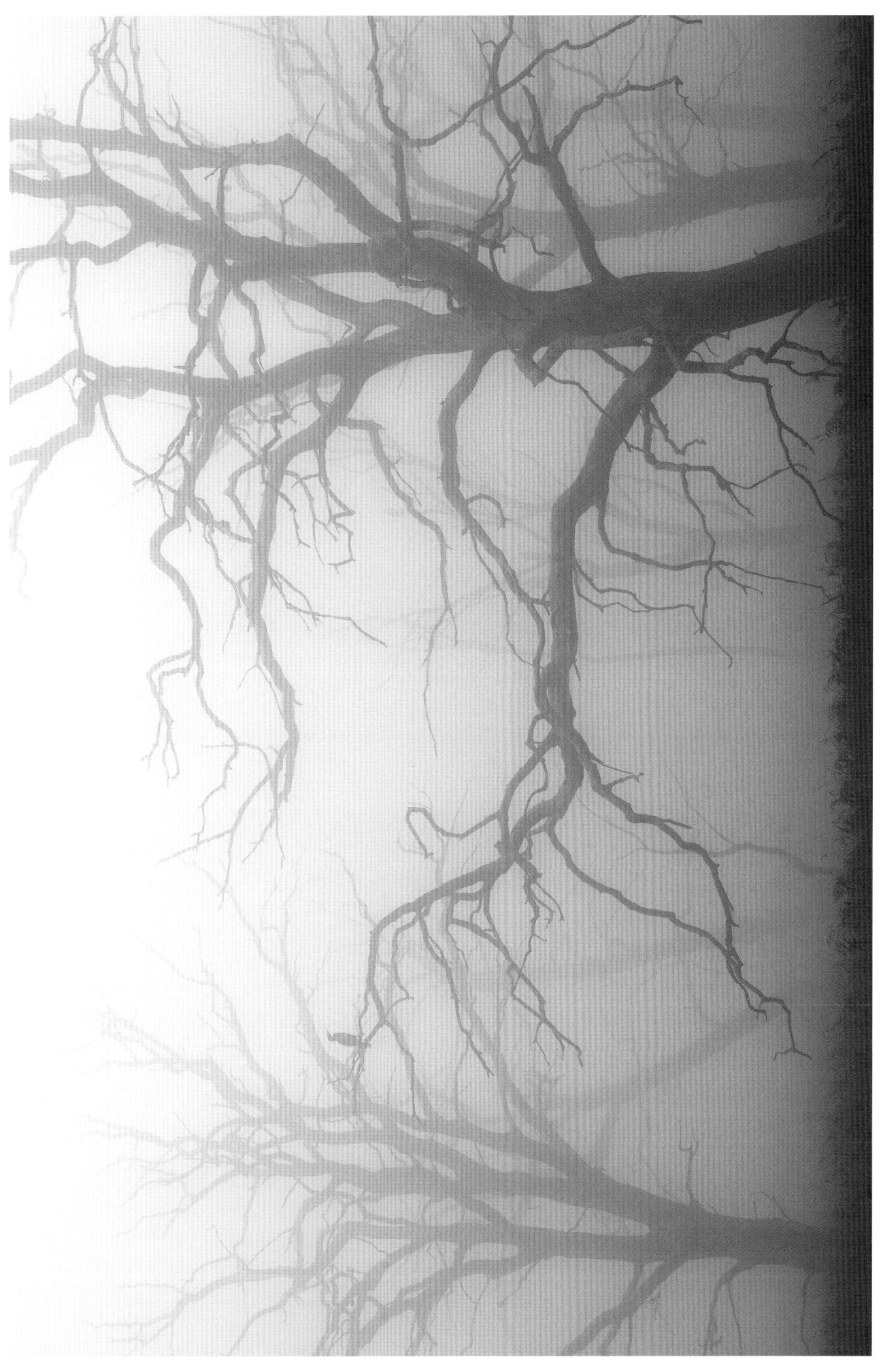

RUHE IM BRUCH – DIE STILLE DES WINTERS

E s ist die Zeit um den Jahreswechsel, während die meisten Menschen zu früher Stunde noch in den Betten liegen oder am Frühstückstisch sitzen, wenn es mich hinauszieht, um dem Stadtbruch einen Besuch abzustatten. In meinen Wünschen ist die Landschaft dann eingehüllt in Schnee, bezwungen vom Frost, und die Polder sind vom Eise bedeckt. Doch dies ist immer seltener der Fall. Schnee und klirrende Kälte scheinen nur noch eine Erinnerung an ferne Kindheitstage zu sein. Aber egal wie das Wetter ist, eines scheint immer gleich – die Natur kommt in diesen Monaten zur Ruhe. Alles geht einen Tick langsamer.

Mit der Ruhe und einer gewissen jahreszeitlich bedingten Unwirtlichkeit sind auch die Besucherzahlen deutlich gesunken. Keine Jogger, keine Fahrradfahrer, keine Touristen und keine fotografischen Großwildjäger. Es ist möglich, auf dem Weg zur alten Ulme keinem einzigen Menschen zu begegnen.

Die Bäume und Sträucher entlang des Weges haben sich ihrer Blätter entledigt und ermöglichen so weite Einblicke in das Gebiet, die in anderen Jahreszeiten verwehrt bleiben. Vom Weg am Rande der Polder, beginnend von Bugewitz bis Kamp, kann man jetzt die riesigen Adlerhorste in den Kronen der Bäume im Herzen des Bruchs entdecken und das ganze Ausmaß des Stadtbruchs ein wenig erahnen.

Ich fahre langsam zum Aussichtsturm. Es beginnt zu dämmern, und durch die geöffneten Fenster des Autos ist kurz hinter Eugewitz erstmals das Singen, oder sagen wir das Rufen der Singschwäne zu hören. Diese schönen und eleganten Vögel kamen an, als die Kraniche das Bruch verließen und werden bleiben, bis sie der aufziehende Frühling wieder in ihre angestammten Brutreviere im Norden und Osten weitab des Haffs locken wird.

Ich kann es nicht verhehlen, die Rufe der Singschwäne haben auf mich eine elektrisierende Wirkung, die vielleicht vergleichbar ist mit dem Trompeten der Kraniche im Frühling - beide stehen für den Beginn einer neuen Jahreszeit. Fairerweise sollte ich natürlich auch erwähnen, dass unzählige Höckerschwäne den Winter auf den Wasserflächen verbringen, aber was sind schon Höckerschwäne im Vergleich zu Singschwänen? Wenn diese sich im ersten Licht des Tages begrüßen, indem sie auf-

einander zuschwimmen, scheinbar vor Freude mit den Flügeln schlagen, sich recken und dabei lautstark trompeten, ist es eine wahre Freude, ihnen zuzusehen.

Ähnlich wie die Kraniche fliegen auch die Singschwäne am Morgen in kleinen Trupps auf die (Raps-)Felder der Umgebung, um zu äsen und den Tag zu verbringen. Es ist immer wieder ein Genuss, den Abflug dieser Vögel zu beobachten, wie sich das Weiß ihres Gefieders beim Start vor den dunklen Schatten der Bäume abhebt und ihre Rufe durch das Bruch schallen.

Im krassen Kontrast zu dem eher gemächlichen Aufbruch der Schwäne steht der morgendliche Start der unzähligen Gänse. Schneller, lauter und in größeren Trupps steigen diese Vögel auf, und man sollte im ersten Licht des Tages anwesend sein, um diesem Schauspiel beizuwohnen. Welch ein Flügelrauschen, welch ein Getöse, welch eine Energie.

Betrachtet man alle Starts und Landungen der anwesenden Schwäne, Gänse und Enten in den ersten Morgenstunden, ist dies wohl die umtriebigste Zeit während eines Wintertages. Ist dieses Spektakel vorbei, bleiben meist nur die Stille, der schneidende Wind und die Kälte, die einem langsam in die Glieder fährt.

Und trotzdem oder auch gerade deshalb lohnt es sich, noch ein Weilchen im Bruch zu verweilen. Besonders bei Schnee und Eis sollte man die großen Eisflächen im Auge behalten. Fischotter, welche sonst heimlich die Wasserwege benutzen und, wenn überhaupt, nur kurz und schemenhaft zu sehen sind, müssen zwangsläufig über das Eis, wenn sie von A nach B wollen. Genauso geht es den Füchsen auf der Suche nach

Nahrung oder nach einem warmen und trockenen Versteck. Ihr Rot ist unübersehbar auf weißem Grund. War die Tarnung im bunten Herbst noch nahezu perfekt, ist sie im Winter völlig dahin. Doch nicht nur Füchse durchstreifen nahrungssuchend das Bruch. Auch unzählige andere Fährten, wie die der Waschbären, Rehe und Wildschweine, zeichnen ihren Weg in den Schnee. Wie auf dem Eis wird sichtbar, was sonst eher im Verborgenen liegt. Allein ist man im Bruch wohl nie.

Wie die gesamte Vegetation scheint auch das Schilf in den Poldern lichter geworden zu sein. Es ist, als hätte es seinen undurchdringlichen Nimbus eingebüßt. Wie auch die Gräser am Wegesrand und auf den umliegenden Wiesen, hat es das Wachstum eingestellt und ruht fahl und rauschend, dem Winter trotzend und den kommenden Frühling erwartend.

Auf dem Rückweg frage ich mich immer wieder, warum ich zu dieser Zeit draußen bin? Es ist entweder kalt und windig oder windig, kalt und nass. Die Finger und Füße scheinen einen Wettkampf um die kältesten Körperteile zu führen, bei dem es eigentlich nur einen Verlierer gibt, nämlich mich. Neues gibt es auch nicht zu sehen. Jeder Weg ist gegangen, jeder Baum gesehen, und die Tiere verhalten sich auch nicht anders als in all den anderen Jahren.

Krönend kommt noch hinzu, dass der winterliche Spaziergang ein Gehen durch Grau in Grau ist. Mit Farben schmückt sich der Winter eher spärlich. Mal abgesehen vom Blau des Himmels und dem Gold der Sonne, ist die kalte Jahreszeit ohne Schnee und Eis geprägt von Tristesse. Nur hier und da ein Lichtblick – das leuchtende Rot einer Hagebutte, das wuselnde Gelb der Blau- und Kohlmeisen oder das Blau der letzten Schlehe in der Hecke. Farbtupfer, welche selbst im tiefsten Winter den Frühling und den ihm innewohnenden Neubeginn nicht gänzlich vergessen lassen. Und dies ist in den Tagen der Dunkelheit ein nicht zu unterschätzender Fingerzeig. Vielleicht ist das der treibende Part, warum wir draußen sind.

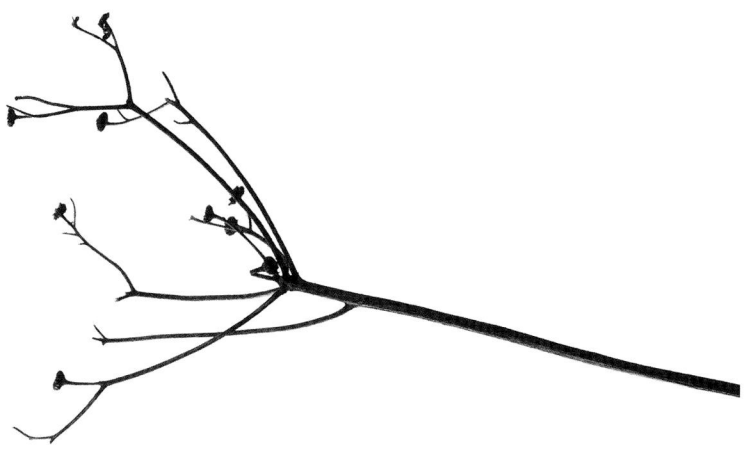

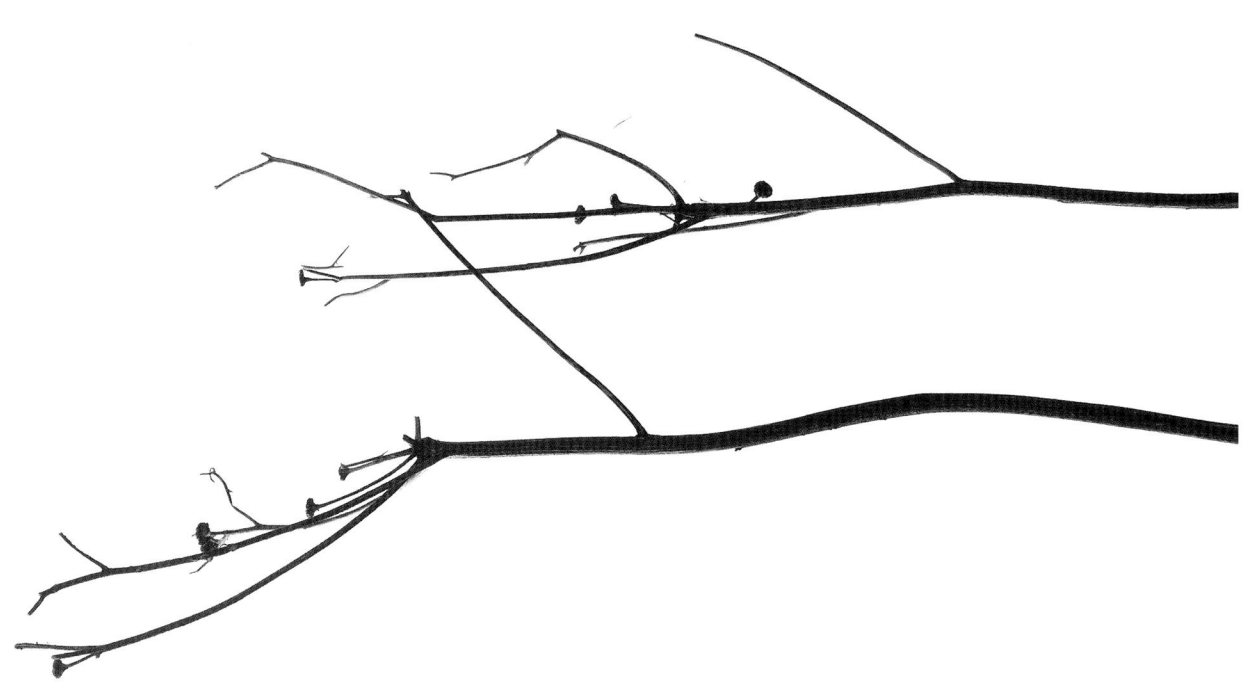

WAS BLEIBT ...

achdem in den vorangegangenen Jahrzehnten wieder-holt Sturmfluten die Ostseeküste und das Anklamer Stadtbruch heimsuchten, kam es vor 25 Jahren in der Nacht vom 03. auf den 04. November 1995 infolge einer weiteren Sturmflut zu einem, statistisch gesehen, alle 25 Jahre wahrscheinlich eintretenden Hochwasser. An mehreren Stellen in den Poldern Zartenstrom, Kamp, Rosenhagen und Bugewitz II brachen die Dämme, und mehr als 2.000 ha Land befanden sich unter Wasser. Daraufhin entstanden weiträumi-ge Flachgewässer, der Wald starb teilweise ab, in Bruch und Hochmoor kehrte das Wasser zurück. Über Nacht veränderte sich das Gebiet drastisch. Für die einen war es ein Fluch, für die anderen ein Segen, welcher den Beginn der Renaturierung der ehemaligen Moorlandschaft in einer Art in Gang setzte, wie sie nicht vorherzusehen war.

Bevor 1748 das Edikt Seiner Majestät Friedrich des Großen „Zur Urbarmachung des düsteren Waldes" erschien und die planmäßige Umgestaltung einleitete, war das Oderbruch und damit auch das Gebiet des Stadtbruches, ein Paradies für Tiere, insbesondere für Vögel. Detaillierte Beschreibungen des Landstriches vor und nach der Urbarmachung kann man in David Blackbourns Buch Die Eroberung der Natur. Eine Geschichte der deutschen Landschaft. nachlesen. Schon damals begegneten sich zwei Sichtweisen: die abrahamitische „Macht Euch die Erde untertan!" und erste Ansätze zum Schutz und zur Erhaltung der Natur. Beide Ansätze scheinen nach wie vor nur wenig vereinbar. Beide Seiten verfügen über nachvollzieh-bare und plausible Argumente, doch sie reden eher über-einander als miteinander.

Eines jedoch ist gewiss: Die Überflutung des Anklamer Stadt-bruches infolge der Sturmflut schuf einen neuen Lebensraum für Pflanzen und Tiere, dessen Charakter einer Wildnis so nahekommt wie sonst nur an wenigen Orten in Deutschland. In dem neu geschaffenen Biotop siedelten sich Tiere an, die in Mecklenburg-Vorpommern ansonsten immer seltener wur-den. War beispielsweise der Bestand der Trauerseeschwalbe Anfang der 2000er Jahre auf unter 100 Paare im Land zu-sammengeschmolzen, hat sich dieser heute erholt und in den letzten drei Jahren mit je ca. 200 Brutpaaren etwas stabili-siert. Ein Grund hierfür ist auch die Kolonie im Polder Buge-witz. Im Gegensatz zu den heute weit verbreiteten künstlichen Brut-Plattformen, existieren im Polder Bedingungen, die ein traditionelles Brüten auf natürlichem Untergrund ermöglichen, was das Gebiet zu einem wichtigen Refugium für diese Art macht.

Neben den „Big Five" Mecklenburgs – Rothirsch, Wild-schwein, Biber, Adler und Kranich – brüten im Bruch und auf den angrenzenden Flächen solch seltene Arten wie Kiebitz, Bekassine, Brachvogel oder Waldwasserläufer. Wanderfal-ken schlagen im Luftraum über dem Bruch ihre Beute. Otter durchkreuzen die Wasserarme. Seltene Schmetterlinge finden dort Lebensraum. Singvögel und Spechte sind allerorten anzutreffen. Der Kuckuck hat im Bruch eine der höchsten Be-standsdichten im Land. Wölfe durchstreifen das Gebiet. Was-servögel sind nach wie vor die großen Gewinner der Verände-rungen. Und nicht nur das. Hier hört man im Frühjahr noch Moorfrösche blubbern und quaken und kann Kreuzottern beim Sonnenbad beobachten. Und wenn es in Deutschland je

wieder Seggenrohrsänger geben sollte, bin ich überzeugt, dass sie hier als erstes beobachtet werden.

2018 erwarb die NABU-Stiftung *Nationales Naturerbe* das Anklamer Stadtbruch und Teile seiner Umgebung. Unserer Meinung nach konnte damit ein wichtiger Schritt in die dauerhafte Erhaltung dieses Naturparadieses vollzogen werden.

Doch wer sind wir, darüber befinden zu wollen, was richtig und was falsch ist? Wir sind nur Fotografen. Unsere Betrachtungen in Wort und Bild sollen keinen Anspruch auf Vollständigkeit erheben. Sie sind vielmehr ein Angebot, das Bruch in seiner ganzen Vielfalt und Komplexität, mit all seinen kleinen und großen Wundern zu entdecken. Unsere Bilder zeigen die Schönheit des Gebietes genauso wie dessen immerwährende Veränderlichkeit.

Wie schrieb schon Bruno Riemer in seinem 1957 erschienen Buch *In Bruch und Moor. Jagden in Vorpommern* über das Stadtbruch: *„Vieles ist untergegangen. Aber das Bruch gibt es noch immer, und in ihm pulst unversiegt das Leben."*

In diesem Sinne – weniges ist so, wie es scheint. Nichts ist von Dauer und Wildnis ein Konstrukt.

„

Ein Himmel, dessen Weite ich nicht messen kann.

Ein Stück Undurchdringlichkeit, das ich nicht überblicken kann.

Ein schmaler Pfad, den ich nicht getreten habe.

Ein Ruf, der mich lockt.

Ein Spinnenfaden quert den Weg.

Ich lasse ihn unberührt.

Nicht mein Land.

Claudia Müller

DANKE ...

Von einer vagen Idee bis zum fertigen Buch hätten wir es nicht geschafft ohne die Hilfe, den Zuspruch und die Hinweise von Kai Paulig, Günther Hoffmann, Christian Unselt, Felix Grützmacher, Stefan Schwill, Werner Bollmann und Philip Riel. Herzlichen Dank!

Dank geht auch an die Naturfotografen, Spaziergänger, Fahrradfahrer, Vogelbeobachter, Naturinteressierten und sonstige Personen, die sich an das Wegegebot halten, ihre Autos auf den dafür vorgesehenen Parkplätzen abstellen, ihren Müll entsorgen, denen Freundlichkeit kein Fremdwort ist, die keine Wildkameras aufbauen, keine Drohnen ohne Genehmigung starten lassen, die keine Ansitzhütten in das Bruch bauen, dort nicht zelten und auch nicht vergessen, dass ein Foto nicht das Wichtigste auf der Welt ist.

DIE AUTOREN ...

Sandra Bartocha
www.bartocha-photography.com

Sandra Bartocha lebt und arbeitet als Naturfotografin und Autorin in der Nähe von Neubrandenburg. Ihr Ziel ist nicht die Dokumentation, sondern vielmehr die persönliche Interpretation und Abstraktion gesehener Momente. Sie ist Vizepräsidentin der GDT (Gesellschaft für Naturfotografie) und Chefredakteurin der Zeitschrift *Forum Naturfotografie*

Silko Bednarz
www.silkobednarz.com

Geboren im Erzgebirge, lebt er mittlerweile in Neubrandenburg, Mecklenburg-Vorpommern. Er kam über die Ornithologie und den Naturschutz zur Naturfotografie und betreibt vorrangig die klassische Landschaftsfotografie.

Volker Bohlmann
www.fotografen-mecklenburg.de

Er wohnt in Rehna, Mecklenburg-Vorpommern, und ist als Fotoredakteur für das medienhaus:nord und verschiedene Tageszeitungen in Schwerin tätig. An der Konzeption und Umsetzung zahlreicher naturfotografischer Projekte, Bücher und Kalender ist er beteiligt.

Dieter Damschen
www.dieterdamschen.de

Der gebürtige Niederrheiner lebt im östlichen Niedersachsen und ist hier seit fast 20 Jahren als Naturfotograf tätig. Seine Motive findet er zwischen Elbe, Ostsee, Oder, Havel und Spree. Der inneren Stimme und dem Ruf des Kranichs folgend, zeigen seine Aufnahmen meist die großen grauen Vögel. Zu diesem Thema produziert er bereits seit langer Zeit Kalender.

Frank Brehe
www.frankbrehe.de

Frank Brehe lebt in einem kleinen Dorf in Mecklenburg-Vorpommern. Wenn neben Familie, Arbeit und den 1.000 anderen Dingen noch Zeit bleibt, schultert er seinen Fotorucksack und ist unterwegs; außerdem ist er als Buchautor tätig.

Claudia Müller
www.flowerpics.de

Claudia Müller lebt und arbeitet in Neubrandenburg, Mecklenburg-Vorpommern. Seit Jahren ist sie mit der Kamera unterwegs auf der Suche nach ihrem Bild von der Welt, nach anderen Sichten, neuen Wegen, dem perfekten Moment, dem Licht.

IMPRESSUM

SCHILFLAND
Das Anklamer Stadtbruch

Konzeption
Sandra Bartocha, Frank Brehe, Claudia Müller

Fotografie

Sandra Bartocha
4/5, 16, 17, 37, 110/111

Silko Bednarz
20/21, 56, 71, 79, 87, 102, 106

Volker Bohlmann
18, 19, 38, 40, 42, 43, 45, 47, 49, 74, 82, 83, 100, 104/105

Frank Brehe
12, 22, 24, 32, 52, 53, 54, 60, 72, 78, 80, 84, 88, 90

Dieter Damschen
14, 44, 48, 50, 51, 58/59, 61, 63, 64, 65, 66, 67, 68, 69, 85, 92, 94, 96

Claudia Müller
10/11, 26, 27, 28, 29, 31, 33, 34, 35, 36, 46, 76/77, 86, 93, 95, 98, 99

Texte
Frank Brehe
Kapitel 2/Geschichte: Kai Paulig

Vorwort
Christian Unselt

Lektorat & Korrektorat
Werner Bollmann

Titelbild & Rückseite
Volker Bohlmann, Claudia Müller, Dieter Damschen, Frank Brehe

Gestaltung & Satz
Sandra Bartocha

Umwelthinweis:
Der Inhalt dieses Buches wurde auf Papier mit chlorfrei gebleichtem Zellstoff gedruckt.
Das Einbandmaterial ist recyclebar.

Die Deutsche Bibliothek – CIP Einheitsaufnahme

Steinfurt, Tecklenborg Verlag
ISBN: 978-3-949076-01-5
1. Auflage 2021

© 2021 by Tecklenborg Verlag, Steinfurt, Deutschland
Alle Rechte vorbehalten.

Gesamtherstellung: Druckhaus Tecklenborg, Steinfurt

www.gdtfoto.de
www.tecklenborg-verlag.de

Das Werk einschließlich aller seiner Teile ist urheberrechtlich geschützt. Jede Verwertung außerhalb des Urheberrechtsgesetzes ist ohne Zustimmung des Verlages unzulässig und strafbar. Das gilt insbesondere für Vervielfältigungen, Übersetzungen, Mikroverfilmungen sowie die Einspeicherung und Verarbeitung in elektronischen Systemen.

ISBN: 978-3-949076-01-5